NOUVEL ALPHABET

EN FRANÇAIS,

DIVISÉ PAR SYLLABES.

A REIMS,

Chez A. GEOFFROY, Libraire,
Place Royale, N° 5.

A B C D
E F G H
I J K L M N
O P Q R S T
U V X Y Z Æ
OE W C.

a b c d e f g h i
j k l m n o p q r
s t u v x y z ç æ
œ w ff ffl fl ffl fl fi ffi

w œ æ ç z y x
v u t s r q p o
n m l k j i h g f
e d c b a . , ; : ! ?

Ba   Be   Bi   Bo   Bu.
Ca   Ce   Ci   Co   Cu.
Da   De   Di   Do   Du.
Fa   Fe   Fi   Fo   Fu.
Ga   Ge   Gi   Go   Gu.
Ja   Je   Ji   Jo   Ju.
La   Le   Li   Lo   Lu.
Ma   Me   Mi   Mo   Mu.
Na   Ne   Ni   No   Nu.
Pa   Pe   Pi   Po   Pu.
Ra   Re   Ri   Ro   Ru.
Sa   Se   Si   So   Su.

Ta Te Ti To Tu.
Va Ve Vi Vo Vu.
Xa Xe Xi Xo Xu.
Za Ze Zi Zo Zu.

Bab beb bib bob bub.

Bac bec bic boc buc.

Bad bed bid bod bud.

Bla ble bli blo blu.

Bra bre bri bro bru.

Cla cle cli clo clu.

Cra cre cri cro cru.

Dra dre dri dro dru.

Fla fle fli flo flu.
Fra fre fri fro fru.
Gla gle gli glo glu.
Gna gne gni gno gnu.
Gua gue gui guo guu,
Pla ple pli plo plu.
Pra pre pri pro pru.
Spa spe spi spo spu.
Sta ste sti sto stu.
Tla tle tli tlo tlu.
Tra tre tri tro tru.
Vra vre vri vro vru.

Oraison Dominicale.

Notre Père qui êtes dans les cieux. Que votre nom soit sanctifié. Que votre règne arrive. Que votre volonté soit faite en la terre comme au Ciel. Donnez-nous aujourd'hui notre pain de

cha que jour. Et nous
par don nez nos of-
fen ses com me nous
par don nons à ceux
qui nous ont of fen-
sés. Et ne nous lais-
sez point suc com-
ber à la ten ta ti on.
Mais dé li vrez-nous
du mal.

Ain si soit-il.

La Sa lu ta ti on An gé li que.

Je vous sa lue, Marie, plei ne de grâ ce, le Sei gneur est a vec vous, vous ê tes bénie par-des sus toutes les fem mes, et Jé sus, le fruit de vos en trail les, est bé ni.

Sain te Ma rie, mère de Di eu, pri ez

pour nous pau vres pé cheurs, main te- nant et à l'heu re de no tre mort.

Ain si soit-il.

Je crois en Di eu, le Pè re tout-puis- sant, Cré a teur du ci el et de la ter re. Et en Jésus-Christ son Fils u ni que, no tre

Seigneur, qui a été conçu du Saint-Esprit, qui est né de la Vierge Marie, qui a souffert sous Ponce Pilate, a été crucifié, est mort, et a été enseveli, est descendu aux Enfers, est ressuscité des morts le troisième jour, est monté aux

Ci eux, est as sis à la droi te de Di eu le Pè re tout-puis sant, et vi en dra, de là, ju ger les vi vants et les morts.

Je crois au Saint-Es prit. La Sain te E-gli se Ca tho li que. La com mu ni on des Saints. La ré mis si on des pé chés. La ré sur-

rec ti on de la chair,
La vie é ter nel le.
Ain si soit-il.

La Con fes si on des pé chés.

Je con fes se à Di-
eu tout-puis sant, à
la bi en heu reu se
Ma rie tou jours Vier-
ge, à saint Mi chel
Ar chan ge, à saint
Jean-Bap tis te, aux
A pô tres saint Pi er re

et saint Paul, à tous les Saints, que j'ai beau coup pé ché par pen sées, par pa ro- les et par ac ti ons. J'ai pé ché par ma fau te, par ma fau te, par ma très-gran de fau te. C'est pour- quoi je sup plie la bi en heu reu se Ma- rie, tou jours Vi er ge,

Saint Mi chel Ar- chan ge, saint Jean- Bap tis te, les A pô- tres saint Pi er re et saint Paul, et tous les Saints, de pri er pour moi le Sei- gneur no tre Dieu.

Bé né dic ti on a vant le re pas.

O DIEU, qui nous pré sen tez les bi ens né ces sai res pour

nour rir no tre corps,
dai gnez y ré pan dre
vo tre sain te bé né-
dic ti on, et fai tes-
nous la grâ ce d'en
u ser so bre ment.

Au nom du Pè re,
et du Fils et du
Saint-Es prit.

Ain si soit-il.

Ac ti ons de grâ ces a près le re pas.

Sei gneur, nous

vous ren dons nos très-hum bles ac ti- ons de grâ ces des bi ens que vous nous a vez don nés pour la nour ri tu re de no- tre corps : qu'il vous plai se de nour rir aus si no tre â me de vo tre grâ ce dans l'es pé ran ce de la vie é ter nel le

Jé sus-Christ no tre Sei gneur.

Ain si soit-il.

Prière pour les Trépassés.

Que les âmes de nos pa rents, de nos a mis, et de tous les Fi dè les qui sont morts, re po sent en paix par la mi sé ri cor de de Di eu.

Les Com man de ments de Di eu.

Un seul Di eu tu a-
do re ras,

Et ai me ras par fai-
te ment.

Di eu en vain tu ne
ju re ras,

Ni au tre cho se pa-
reil le ment.

Les Di man ches tu
gar de ras,

En ser vant Di eu dé-
vo te ment.

Tes Pè re et mè re
ho no re ras,
A fin de vi vre lon-
gue ment.

Ho mi ci de point ne
se ras,
De fait ni vo lon tai-
re ment.

Lu xu ri eux point ne
se ras,

De corps ni de con-
sen te ment.
Le bi en d'au trui
tu ne pren dras,
Ni re ti en dras en le
sa chant.
Faux té moi gna ge
ne di ras,
Ni men ti ras au cu-
ne ment.
L'œu vre de chair ne
dé si re ras,

Qu'en ma ria ge seu-
le ment.
Bi ens d'au trui ne
con voi te ras,
Pour les a voir in-
jus te ment.

Les Com man de ments de l'E gli se.

Les Di man ches Mes-
se ou ï ras,
Et Fê tes de com-
man de ment.

Tous tes pé chés
con fes se ras,
A tout le moins u ne
fois l'an.

Ton Cré a teur tu
re ce vras,
Au moins à Pâ ques
hum ble ment.

Les Fê tes tu sanc ti-
fie ras,
En ser vant Di eu
dé vo te ment.

Qua tre-Temps, Vi-
gi les jeû ne ras,
Et le Ca rê me en ti-
è re ment.

Ven dre di chair ne
man ge ras,
Ni le sa me di mê-
me ment.

De voirs des En fants en vers leurs
Pè res et Mè res.

**1. Les En fants doi-
vent ho no rer leurs**

Pè res et Mè res en tout âge et tout é tat.

2. Ils doi vent leur o bé ir en tou tes cho ses où Di eu n'est point of fen sé.

3. Ils doi vent les ai mer et les res pec- ter aus si bi en dans les châ ti ments que dans les ca res ses.

4. Ils doi vent é vi-

ter a vec grand soin
de les at tris ter ou
de les met tre en
co lè re.

5. Ils doi vent les
as sis ter dans leur
pau vre té, jus qu'à
tout ven dre pour
ce la.

6. Ils doi vent, a-
près leur mort, pri er
et fai re pri er Dieu

pour le repos de leurs
âmes, et ex é cu ter
ponc tu elle ment leurs
der ni è res vo lon tés.
*Saint Paul aux Ephé-
siens,* cha pi tre 9.

Honorez votre Père
et votre Mère : c'est là
le premier comman-
dement auquel Dieu
a attaché une promes-
se de récompense

pour ceux qui l'obser-
veront; qui est qu'ils
seront heureux, et vi-
vront long-temps sur
la terre.

Acte de Foi.

Je crois fermement
qu'il y a un Dieu en
trois Personnes, le
Père, le Fils et le Saint-
Esprit; je crois que le

Fils de Dieu, la seconde Personne de la Sainte-Trinité, s'est fait homme, qu'il est mort pour nous racheter du péché et de la damnation. Je crois aussi toutes les autres vérités de la Religion, parce que Dieu les a révélées à notre Mère la sainte

Eglise, et qu'elle nous les propose à croire.

Acte d'Espérance.

Mon Dieu, j'espère de votre infinie bonté vos grâces dans ce monde et le Paradis dans l'autre, par les mérites de Jésus-Christ, mon Sauveur, parce que vous me l'avez promis et que

vous êtes fidèle dans
vos promesses.

Acte de Charité.

Mon Dieu, je vous
aime de tout mon
cœur, de toute mon
âme, de toutes mes
forces et par-dessus
toutes choses, parce
que vous êtes infini-
ment aimable; j'aime
aussi mon prochain

comme   moi-même,
pour l'amour de vous,
parce que vous me le
commandez.

Reims, Imprimerie de E. LUTON.